cão

cão

Rafael Mantovani

hedra

São Paulo, 2011

Grafia atualizada segundo o Acordo Ortográfico da Língua Portuguesa de 1990, em vigor no Brasil desde 2009.

Edição Jorge Sallum e Alexandre Barbosa de Souza
Capa Pati Bertucci
Diagramação em LaTeX Bruno Oliveira e Jorge Sallum
Assistência editorial Bruno Oliveira

Dados Internacionais de Catalogação na Publicação (CIP)

L947 Mantovani, Rafael.
Cão. / Rafael Mantovani – São Paulo: Hedra, 2011. 112 p.

ISBN 978-85-7715-248-3

1. Poesia Brasileia. I. Título.

CDU 07-0853
CDD 869.91

EDITORA HEDRA LTDA.
Rua Fradique Coutinho, 1139 (subsolo)
05416-011 São Paulo SP Brasil
+55 11 3097 8304
editora@hedra.com.br
www.hedra.com.br

para o Dote
para o Cubo

O cavalo sabe todos os caminhos,
o cavaleiro não.

(Carlos Drummond de Andrade, "Estrada")

meu cachorro sabe

meu cachorro sabe que eu sou mijão
e me acompanha
ele sabe que eu tenho medo de assalto
e me acompanha
ele sabe que eu nunca vou parar de fumar
e me acompanha
meu carinho é duro, parece uma garra mecânica
e ele me acompanha.

ímpar par

1.
o primeiro bretão
o primeiro trator
a chave e a chuva
o tiro e o teatro

o isqueiro e a chama
o cigarro e o tapa
o pernoite no sítio
o aparelho portátil
o mar e o martelo

um ímpar compacto como uma caneta
como um canudo
como uma chave
como uma mochila

o nome seco como a pau seco
como a praça seca
como roupa limpa.

2.
o aperto de mão
o martim-pescador
a sálvia e a sílvia
o chá e o xixi

o cinzeiro e a cama
o lapão e a lapa
a viagem portátil
o lençol e o pátio
o martelo e o mapa

o par espraiado feito linha e folha
anel e caneca
um quarto e um quatro
feito um parangolé

o nome úmido como um bolso
como uma planta úmida
como uma planta do pé.

coa

Ó mulher inspirada
que desperdiças o caríssimo
unguento de Bethânia,
ensinas-me a gerir
a escassez de recursos

(Adília Lopes, "Lúcia no Saldanha em pulgas")

na porta do túnel tinha uma coa

tive carona, vontade e convite
achei que a ideia parecia boa
o motorista sabia o caminho
mas bateu o carro eu vi uma coa

uma coa preta na porta do túnel
eu sei que era fêmea porque tinha teta
eu também tenho teta, também tenho pulga
eu também sou fêmea, sou a coa preta.

Adília Lopes

1.
vejo Adília Lopes ler no vídeo
um rato a Capela do Rato
mas sumiu o som do vídeo

como senti saudades de Adília Lopes
enquanto reiniciava o computador

como se ela morasse pra sempre numa rua muito longe
rua rio muito longe.

2.
quero ser inteligente
como Adília Lopes
e o pássaro-lira

os dois cantam
tudo o que escutam

os dois cantam
porque querem companhia.

3.
o livro de Adília Lopes foi caro
custou mais que o meu George Foreman Grill

o George Foreman Grill me ajuda a fazer o almoço
mas o livro de Adília Lopes me ajuda a fazer o almoço.

4.
Adília Lopes é remédio
pra compulsão por simetria
quando se espera que ela cante
pia

(quero inventar apelidos
tão bons quanto os que a Bia).

5.
Adília Lopes tem poemas
tão simples
que não entendo

de tão finos não consigo
entrar
porque saio do outro lado

são herméticos
ao contrário.

6.
Adília Lopes afirma:
da sua pena não saem
mais poemas
(que pena)

resta reler a Dobra
(mas tomara que ela mude
de ideia e ainda publique a Sobra).

tchau pinguim doce-de-leite

para a Luisa (a que mandou um beijo)

1.
deito no sofá grudento D. Quixote na mão
mas quanto calor —
de dedo no livro sonho
o elmo de Mambrino

coitada da rua Unaí
que nem é uma rua de verdade

quando eu for rico e estiver pouco me fodendo
vou passear de liteira e cueca em frente ao edifício Copan
vou carregar um cartaz: "Acabou o palavrório"
levar junto todos os meus amigos, escrever coisas
sem intenção nenhuma.

2.
naïve
navire
nau îvre

(na França não se diz mais
îvre
diz a Graziela
então:)

bourré
rébus
burro.

3.

(às vezes beirando o nonsense
às vezes com um pé inteiro dentro do nonsense
às vezes entrando no nonsense e voltando
às vezes dando uma festinha dentro do nonsense
às vezes construindo uma casinha dentro do nonsense.)

4.
e alface vem do árabe
e alface vem do árabe.

rua Dom Tito

para Carolina Noto

hoje não quero morar
no meu teto
no meu etos

não volto nunca mais
pro etos
dos meus pais

vou no quintal de John Locke
procurar
tijolos

ou tomar sopa de Adília
na fila
dos sem-etos

(PS.
não aguento mais downtempo
quero dar um tempo)

rua Corinto

na curva de volta pra casa
naquela noite comum
subi a rua Corinto
sem desespero nenhum
sem pensamento em cigarro

meu passo (embora sozinho)
subia devagar e firme
que nem o casal de agasalho
que subia a rua Corinto na minha frente.

indagação a santa Julieta

santa Julieta
por que me fizeste menino?
perdi minha boceta
onde o sol vai a pino

santa Julieta
por que me trocaste de turma?
perdi minha boceta
onde o vento faz a curva

santa Julieta
por que me dotaste de pinto?
perdi minha boceta
descendo a rua Corinto

santa Julieta
por que me deixaste sozinho?
perdi minha boceta
na curva do caminho.

área de serviço

1.
uma nuvem-morro se encaminha
(céu de Botafogo)
avança sem se desfazer, inteiriça lentidão
é mais gigantesca que os prédios
e mais consistente, mais dura
parece avançar mais a custo
absurdada com o próprio peso —
quero tirar uma foto
porém não trouxe câmera

eu também sou lentamente avante, e carente
da capacidade de ser fotografado
instalado em sala alheia, sou centrífugo
lamento e aguento mal
a escassez de humores sanguíneos
dia a dia me imagino
indo embora (e no entanto
continuo
longe da porta).

2.

nunca jamais acusado, sempre me justifico
peço desculpa e conselho
nos olhos deles não encontro espelho
nem precisão de gestos quentes
não vejo fome de contornos fortes
nem de temperos e dentes —
neles o fio do estar-em-casa vai fiado
como prolificamente evidente, como revelado
em algo gratuito das horas, livres
de muito grande tamasia:
empregam a intensidade
apenas necessária
não sofrem nenhum dos lados
(subida ou descida)
de uma ladeira, não velam
como se a vida estivesse em outro país

eu atrapalho a passagem
e falo tropeçando, explico jorros
penso em botar fogo em Botafogo inteiro mas
perdi o isqueiro
eu minto, maldigo, mendigo e exagero
eles moderam, ponderam, demoram e esperam
("pela janela", eu digo.)

3.
o frio
no Rio
é mais arenoso e marujo,
deixa a pele suja, meio que empapada
e no entanto vamos insistindo

na pia
o dia
passa quase inteiro indiferente
e no entanto o coração ainda tique
taque

(procuro objetos propícios
pra incêndio e defenestração
mas eles não me pertencem

queria defenestrar a nuvem
mas ela já está lá fora.)

cavalo

dormindo à tarde faço um sonho estranho:
eu sou minha mãe, e visito
a casa onde ela nasceu

é um domingo conciso
econômico para as lâmpadas
que não acenderam ainda
apesar das outras no Imirim
(os cachorros da rua
e os das casas
latem juntos)

com as pernas da minha mãe eu subo
com as mãos dela empurro a porta
meu avô me beija, deixa no tapete
um jornal escuro de notícias estrangeiras
minha avó, sem saber que já são horas
prolonga uma sesta inocente
e perigosa

a toalha limpa da mesa
a tábua de passar roupa
o telefone, meu tio —
tudo ao alcance da mão
parece vidas distante
o visitante perdido
e só agora encontrado

minha mãe estendo o braço
o móvel está sem abajur
abro a janela, a gaveta
do lado esquerdo procuro
o fio do ferro? um funil?
uma tesoura? um cabelo?

mas um barulho uma luz
(fraca que nem sei onde)
atravessa o corredor
(copos na copa vizinha)
atira um brilho espelhado
no espelho da cristaleira
e o rosto da minha mãe
brilha na cidade inteira
e brilha também no meu quarto
onde eu já estou acordado.

parecidos

para Graziela Marcolin

Quando eu era pequena,
eu acreditava muito em Deus,
mas ele não acreditava muito em mim.

(Noemi Jaffe)

1.
pra que tanto sal na comida?
disse um dia minha avó
o sal está dentro da alma
e não era ela só —

outros velhos já diziam
que o gosto é longe da boca
que o universo é um umbigo
e *deus* se entende *a pessoa*.

2.

a professora explicou
e eu nunca mais esqueci
aprendi que entusiasmo
é ter deus dentro de si
mas quando deus está falando
não escuto a Noemi.

3.
o umbigo mais bonito
não vale amor correspondido
também o umbigo do mundo
aflora pra boca de deus

a história do universo
parece simples assim:
um dia nasceu minha mãe
um outro dia, eu nasci.

três retratadas

1.
Diana de Poitiers
cuidado: seus tetês
estão aparecendo no quadro

seus tetês lembram cuias
de porcelana, não são
as mamas escuras da ama

(tenho medo dessa ama
de mamas
e bochechas escuras

que me engasga de leite, me embrulha
me amarra no pano e ainda ri
da minha angústia e meu xixi).

2.
sra. Arnolfini
cuidado:
seu marido
tem cara de veado

casar com homem rico
é gume de duas facas:
com a mão esquerda te prende
com a direita ele te afasta.

3.
Maria Antonieta
cuidado
com o preço do retrato

o caro
às vezes
sai caro

às vezes custa os olhos
(e o resto, e o rosto)
da cara, minha cara.

sonho 31

tinha festa no endereço
r. Marisa Paixão, 11.954, Butantã
comemorava-se a compra de uma calça nova
(Osklen, 11.954 reais
enquadrada na parede com o saco da loja embaixo)
fitas de crepom

eu dente branco shampoo
recebia os parabéns do condomínio
é uma grande conquista, diziam, *a conquista dessa calça*
finalmente nossa vida vai sair do lixo
sua bunda merece esse investimento

um afloramento de coxinhas
plásticos peidando guaraná
butantina felicidade
noite com certeza memorável pra minha avó que dava
graças a Deus os meus netos têm calça.

a parábola de Ênia Datta

(à maneira de Adília Lopes)

1.
Era uma moça robusta de 1,85 m
trabalhava no açougue
do tio Márcio e da tia Olga
na alameda Olga
e só se olhava no espelho quando estava a sós
porque se achava feia
e não queria se achar feia na frente dos outros

Tinha mais vergonha de se achar feia
que de ser feia

2.
Um dia Ênia Datta foi escovar
os dentes
mas o rosto dela não apareceu no espelho
do armarinho do banheiro
meu deus perdi o rosto meu deus
ela disse
agora eu não tenho outro
e achou que o rosto dela (magoado) emigrara
pro corpo de uma dona mais agradecida

Ênia Datta correu pro açougue sem escovar os dentes
disse tio perdi o rosto socorro
ele disse não seja tonta, Ênia
seu rosto
está na sua cara
olha tem essa alcatra inteira pra você
moer vai lavar a mão

3.
Ênia Datta desesperada
não acreditou no tio
derrubou
tudo o moedor de carne as bacias de gelo
(gritava meu rosto meu rosto)
a placa o rack da Elma Chips

Segura disse o tio
e veio o moço da funilaria
e veio o moço da lotérica
e veio o moço da loja de 1,99
mas nem todos os moços juntos conseguiram
segurar Ênia Datta
ela deu porrada em todos
e correu até a estação Barra Funda

4.
Ficou enjoada com o cheiro de
calabresa frita
tentou arrancar o rosto de uma
prostituta bonita

Dá esse rosto pra mim, dá
agora
e foi pra cima
mas a prostituta tinha unhas afiadas
e arranhou a cara de Ênia Datta

5.
Dor sangue tecido epiderme calor
Ênia Datta pediu desculpas
pra puta
e Ênia Datta voltou pro açougue
enxuta
aliviada tenho rosto ufa Ênia Datta Ênia Datta

(Mas por via das dúvidas
não se olhou no espelho nunca mais)

deixados e perdidos

(também à maneira de Adília Lopes)

para Dimitri Rebello

1.
Andei três quarteirões
deixei no muro da escola
a pasta polionda
das pornografias ruins

2.
Joguei o sanduíche de pão integral
embrulhado em Magipack
pela janela do quarto
nos fundos da pizzaria
meu pai viu e disse que era errado
e sacanagem com a minha mãe
que tinha feito o sanduíche

3.
A Fernanda namorada antipática
do ruivinho gostoso
me deu carona a contragosto
cheguei na porta do prédio às 4 da manhã
tinha deixado a chave
com o chaveiro da Marge Simpson
no carro da Fernanda antipática

4.
Esqueci o relógio à prova d'água
no vestiário da AABB
um menino me disse *ninguém ia ser burro*
de devolver um relógio

5.
O homem de cachinhos e óculos
no metrô de Berlim
não desviou o rosto por uns quinze minutos
desceu antes da Warschauer Straße
eu desci na Warschauer Straße

6.
O Cubo soltava muito pelo
era irritadiço
carinhoso problemático
e mal-amado
não sei que fim teve

7.
Esqueci a agenda
no colégio Equipe
a amiga do meu primo achou
e me devolveu
mas tinham desenhado pintos
e zoado minhas notas boas

8.

Deixei meu telefone num Post-It
na cabeceira da cama
do tradutor gordinho vegetariano
na porta mudei de ideia
voltei arranquei o Post-It
e fui embora sem ele acordar

9.
Entediado e carente
na rodoviária de Piraju
pedi pra tia Alice me comprar
uma aranha de plástico
que pulava
ela disse que era desperdício de dinheiro
e não comprou

10.
Achei uma carteira
no chão do ônibus escolar
não tinha dinheiro
joguei a carteira pela janela
pro Cléber achar graça
mas ele ficou horrorizado

11.
Gastei minha mesada inteira
numa edição cara e ruim
de *Alice no País das Maravilhas*

12.
O Ricardo
me mostrou a camiseta que
tinha mandado fazer
na Galeria do Rock
com o meu desenho azul
eu não saí do computador
ele disse que ia embora
eu disse *tá bom*

13.
Roubei na loja do aeroporto
um chaveiro em formato de cabeça
em casa não quis que ninguém visse
o chaveiro roubado
pus numa caixa vazia
que achei no lixo do banheiro
saí de noite pra jogar
no jardim do estacionamento
(era uma cabeça de diabo
não devia ter escolhido aquele)

14.
Escrevi um e-mail enorme
bêbado
terminando com o Diogo
mas eu ainda gostava dele

15.
Na pensão em Ouro Preto
achei um par de chinelos
pretos
do meu tamanho
minha mãe lavou e me deixou usar

16.
Essas são suas feridas
disse a Brenda
pro Nate
e no fim elas te matam

Xeol

Griechensachsenunterwelten
não vos revererei,
veraltissanguinoleite
não bebererei

para os que estão na Stoa
deixo a escada em caracol,
pros 9 andares da torre
os meus 36 tijol.

com

e dê-me a substância
pura

(Ricardo Domeneck, “Dedicatória dos joelhos”)

conversation piece

1.
esta é a violência maior:
você está na plateia
e eu no projetor

sou eu na tela e na janela e digo
não, *você* não:
pra você não tem Siegessäule
ninguém vai te chamar
pra fazer sexo grupal porque suas costas são peludas
você pede muita desculpa e
é incapaz de machucar um estranho.

2.
você não confia em
estudantes bascos descendo a rue Rambuteau
tem medo de tomar um boa-noite cinderela
e comer fruta à noite, não gosta de fio-terra
e faz cara de Solange quando alguém vai cheirar pó

meu amigo esquimó achou você *really sweet*
although he wouldn't talk much
but it's always nice to have
an etymologist at hand

suas piadas devem estar parecidas
com as do seu pai, você já canta derrota
enquanto conta.

3.
o que você conquistou: orgulhou
sua mãe frente aos outros condôminos
sempre visita
aos sábados não toma
Lexotan, não viaja sem avisar
nem pede dinheiro emprestado e lembra
aniversários, nunca comentários que ela não entenda
estoca queijo ralado e tem
plano de saúde e um
guarda-chuva reserva, ela liga pra avisar
a promoção do Sendas.

4.
você tem desculpas:
era bicha
assistia muito Bozo
foi criado em cozinhas de tias tementes
de Presidente Prudente, aprendeu a ter medo
de gastar mesada, um irmão ingênuo e míope
apanhava dos meninos
tinha boas intenções que caberiam no inferno

sempre foi mais garantido estudar matemática
suas redações não tinham erros de regência, sucesso entre
as professoras
a Vanilze apostava em você como próximo Antônio Ermírio
próximo Chico Buarque ou (no mínimo) um Monteiro Lobato
você se sentiu encarregado, ela não devia ter muito
contato com homem.

5.
você tem desculpas
todo vencido tem desculpas
e carência de mostrar (como foto de filho
crescido, laudo do Procon e travesseiro de consolo
ou vídeo
pornô, punheta e camisa
pronta na gaveta, e pratos de bolo)

talvez sua mãe desse colo
mas você queria pau
e pé
e passaporte
— no prazer cabe sorte
não cabe merecimento
e dentro do seu apartamento (professor) você é chato.

Não quero aparecer no seu retrato.

de presente

you can crush it but it's always here
you can crush it but it's always near
chasing you home

(Radiohead, "Planet Telex")

1.
já é tarde para mergulhar
penso naquele menino
como tinha fôlego e
de poucas ferramentas precisava
morou na sala oito meses nunca teve travesseiro
nem guarda-chuva

foi embora não quebrou nada
não deixou nada só um maço grampeado de
poemas (*Goodbye*) de Robert Creeley
impressos no computador.

2.
nunca conheci a água implícita
o beijo tácito
nem a sede infinita

nunca soube o que ele tinha
dentro do cofre
a casca exausta de noz
seu pulmão de ferro.

3.
sua pele parecia vinil

os ossos angulosos dos pés ainda
sustentavam encarnações anteriores
assírias e bárbaras
as costas tinham sulcos de chicote
cacos de vidro.

4.

quase nunca tinha fome
guardava versos no bolso como quem guarda comida
(nascido longe de casa)
e meu colchão e chão oferecessem hospital

lutava por água como a árvore
perversa
que cresce para o raio que a fulmina.

5.
na época eu não quis dar
vodca
carinho
um travesseiro de presente

ele tinha o fôlego do anfíbio
eu tinha a folia do cão
eu tinha os pelos do cão
eu tinha religião
(ele também).

nunca abati um porco

para F. C.

sou menos corajoso que você
nunca nem ouvi o grito do porco
antes do abate
dizem que parece uma pessoa gritando

não tenho medo de barata já matei várias
mas jamais jamais conseguiria abater um porco
a linguiça que como traz embutida
essa covardia original.

Coltrane

1.
um grito de Fedra
Hipólito um grego
o ator na porta
perguntou meu telefone não consegui responder

quem já esteve na rua nunca mais
está de volta em casa

a casa deixa de ser sua casa depois de você ter ido à rua.

2.
a caixa do disco em ordem alfabética
sempre verbete
na fonética estante

(eu não conhecia apreço por
bigodes de gato
nem embrulhos pardos presos com barbante)

(eu não conhecia o voo
solto do ganso à lua
nem a chaleira de cobre, as luvas quentes de inverno)

eu não tinha coisas favoritas —
não tinha nenhum gosto, só
uma coleção de gestos.

3.
simulo a voz de um lutador
porém meus punhos são tortos
e ferem apenas a véspera
ou o rastro do inimigo

a janela do meu quarto
é a quilha de um navio:
avança de bairro em bairro
conforme atravessa a vigília
e desmonta de cansaço
sempre que alcança uma ilha.

o verso e a frente da carta

uma foto aérea de Heligoland
outra do aeroporto de Heligoland:
eu e ele íamos juntos
ou queríamos, e queríamos juntos

Heligoland porque Legoland
(também erguida de tijolos coloridos)
Heligoland porque Winterland
(só que livre do cheiro de mãe fazendo sopa)
Heligoland porque Neverland (território
furto, rapto ao acordo de Schengen)
Heligoland porque retangular
e de fronteiras nítidas

ficar mais longe da mãe
e mais perto de Heligoland:
eram esses o verso e a frente da carta —
eram esses o dois e o ás
esse era o nosso ou
esse era o nosso muro

cumprir o sonho como desvirar uma meia
do avesso:
fica mais confortável
mas continua sendo basicamente a mesma coisa

cumprir o sonho como desvirar uma meia
do avesso:
continua sendo basicamente a mesma coisa
mas fica mais confortável.

tirar os pontos

a tatuagem atrás do gesso na dobra do braço plástica
um castelo visto por quem sofreu um derrame
Helen Keller tateando um bolo de aniversário
vinte unhas de gato perfurando o rosto
o walkman caído no asfalto da rua Minas Gerais
a consistência e o estalo de um olho de cabra
o tomate seco dentro do sanduíche

é preciso começar a destruição dos monstros
mas ainda não tenho certeza se eles são monstros

é preciso começar a tirar os pontos.

teto

caiu de joelhos vidrados no tapete aos berros
o rosto lastro entre as mãos
por pavor do teto

por definição, nada mais assustador que o (seu)
teto:
a proibição de que céu

a ruína veio
muito antes de o teto
cair

a fratura foi já
no choque com os olhos
(e não fez barulho)

olhos janela do espírito
de porco:
sempre respondendo o que ninguém perguntou

sempre mencionando o convidado
que não veio à festa, nunca ajudando
a carregar nem a decidir

(as próprias
mãos eternamente limpas atrás
das pálpebras)

olhos: o rei
do depois não diga que eu não avisei.

Bruno

monstro, troco
a chave de quarto contigo

do seu toco penso coisas pretas e curtas
navio e caça baleia
uma parede de estuque e porta divisória
ou própria cama em que se mora

não aprendo lição de você
ando atrás como atrás de um escudo
ando junto porque cachorro e primo
e durmo protegido
porque criado-mudo

a dobra do seu pé me descomplica
o pelo não espelha: mostra estrada e grama
códice, mapa e passeio
digo seu nome como digo um cheiro
a sua meia como o seu e-mail.

o homem no Pão de Açúcar (variações)

salty dog, salty dog
I don't wanna be your man at all
honey let me be your salty dog

(canção popular norte-americana)

1.
o homem no Pão de Açúcar
tem gosto de salgadinho
se dependesse de mim
ele não jantava sozinho

queria que ele me levasse
junto com as compras pra casa
queria ser a madrugada
e a sola do chinelo.

2.
o homem no Pão de Açúcar
tem gosto de amendoim
se ele gostasse de homem
talvez sorrisse pra mim

queria que a porta dele
abrisse com a minha chave
ser a lâmpada e o motivo
pra ele ficar acordado.

3.
o homem no Pão de Açúcar
tem gosto de cogumelo
eu sou o filho da empregada
ele é o senhor do castelo

queria que o meu chuveiro
fosse o mesmo que ele usa
queria mangas de camisa
e uma caneca de leite.

4.

o homem no Pão de Açúcar
tem gosto de mussarela
o peito cheio de estrela
a boca cheia de pelo

queria um saco de roupa
e um banho de bacia
onde o barco faz a onda
onde a ponte balbucia.

5.
o homem no Pão de Açúcar
tem gosto de provolone
ognuno sta solo sul cuor
della terra is all alone

quero um travesseiro duro
e uma pastilha de ferro
quero uma letra no muro
vida noves fora zero.

(dou razão ao inimigo
embora não dê razão

quero foder e ser fodido
não quero confirmação

não morrer substantivo
de dicionário na mão.)

(céu)

S'il est difficile de vivre dans ce monde humain que des hommes ordinaires ont créé, il ne devrait pas subsister de pays où s'installer. Il ne reste plus qu'à se rendre dans un pays sans hommes. Or, il doit être plus dur de vivre dans le pays sans hommes que dans le monde humain.

(Natsume Soseki, *Oreiller d'herbes*)

tapa a tapa
fazem a capa

asco a asco
fazem o casco

água a água
fazem o barco.

(aquém do bem e do mal)

era uma vez um homem que achava que ele próprio
[era o diabo

ele perdia o sono
e tinha medo da sucessão dos séculos
e achava que ninguém nunca ia querer dar um abraço nele
porque ele achava que ele próprio era o diabo

mas um fim de tarde ele estava no bonde
e entrou
o diabo de verdade
no bonde

e o diabo de verdade olhou pra ele
e o diabo tinha as unhas podres
e os sapatos do diabo eram secos
e o homem teve medo do diabo, e sentiu vertigem
e ficou ali imóvel, esperando o diabo ir embora

só quando o diabo de verdade desceu do bonde
o homem entendeu
que ele próprio não era (afinal) o diabo

e ele lembrou que tinha um travesseiro e então sentiu cansaço
e ele pensou na sucessão dos séculos, sentiu alívio
e viu pedestres no farol, e ele sentiu saudade
deles
e sentiu a morte deles
porque agora ele sabia
que o diabo estava solto na rua.

nome a nome
me erudo
nota a nota me erodo
foto e data: gasto
a porta pra longe do rus

me erudo e me erodo
diuturnamentes
com linhas e dentes
marco posição
no diâmetro da testa

rasta condição
da pessoa brucuta:
sempre enfiar
quadrados
em aberturas circulares

(pra isso a erudição:
para erodir
as arestas).

pau pra toda cobra
sempre mostra o
pau
mostra-se
boca fechada
onde não entra

o hipista
não opta
o hipista
senta (ou não rola
e ele rola)

toda hora é a hora
da morte
(menos
agora).

abril abrir o Mumonkan
bunda travesseiro calcanhar
maremoto terremoto

quando estou quase dormindo
quase consigo escutar
meus deuses conversando uns com os outros.

fico apenas tronco
e perco o resto

apenas condução de fluidos, poste e carapaça
e nenhuma extremidade

fico tosco feito lenho, e leio
sem nome feito o curso

e feito um urso
só que sem peixe e sem fome.

tem uma coisa manhã
a qual não existe vê-la
em pé, durante o repouso
das formas no entendimento

algum lugar toda noite
meu sono para pra brincar em torno dessa coisa
e chega ele mesmo cansado
na porta do apartamento.

o tempo é a dimensão ímpar
um movimento circular não é circular
porque é um movimento

janeiro não voltará
se voltar, será mentira
os nomes dos meses são mentira

Ricardo não voltará
se voltar, será um outro
o nome de Ricardo é outro

(Heráclito disse isso
mas não disse isso
eu disse isso).

cão

(na Noruega é assim:
o sono desce de trenó
desembarca em pernas curtas
traz uma mochila, diz que vai morar comigo

ele tem o rosto de um cachorro
e um rastro escuro na barriga
ele guarda os nomes de lugar
escritos todos numa lista.)

e.e.cummings você manda bem,sua
voz são dedos encostam
sem cutucar
mexem não quebrando nada(feito
a Primavera ou um gato)fazem
tão imensamente o traço de uma estrela,
um olho aberto,um seio

e.e.cummings você é macio,permeado
de sim e pétalas desdobram e deitam,de
carpetes e abajures você
viu maio & o mar nova(duas guerras)york

sonhei você e.e.cummings de balão descendo,
disse“sentir é quem primeiro atenta
à sintaxe das coisas
amor
é mais espesso que esquecer,faz
a espessurinha da moeda”

e.e.cummings nunca pesquisei
seus nomes não acho que você ia
se importar

pijama dele azul

para o dono

quando nos agrada um vivo entre os vivos
comemoramos comigo
a hora do despalavre
(que pode durar uma hora
ou quantas o tempo aguente)
começamos diferente
quando nos modera o pique
pra que assim nos pacifique
até o ante-umbigo

se o pijama dele aponta
o esconderijo se avista
e mesmo que um de nós se vista
(e o ponto farol se cubra)
o peito restante despista
na penumbra, prosa e rastro
juntos se solta o lastro e
vamos vertigem abaixo
reto, como de elevador

embora o hábito estranhe
a respiração encontra —
"Tudo, aliás, é a ponta
de um mistério", escreveu um contista
e por mais que o assunto insista
e a fala se precipite
caímos em peito livre
e a dor da queda nos dissipa
pousamos em peso limpo
e algo nos dorme de cima
e algo nos planta o silêncio
na lua, na rua Sousa Lima.

oi

agradeço à elegância da redoma
e da cúpula
o fruto de carne
pronto
(a eloquência
do ponto)

agradeço ao silêncio
o silêncio
de empréstimo
e a vaga desocupada dentro da onda

que sorte que no avanço irreversível da entropia
conheci
você:
feixe de matéria organizada
colônia
cápsula

o calor esperando no martelo
o músculo pra nenhum prego

(e girar juntos no vazio
junto com o resto).

isso

se for mesmo tudo
em vão
(digo, se tudo é vaidade)
quero o vão onde eu encaixe
ou seja:
o seu

aguento enquanto
posso, protelo a
dissipação
pois só você
(amor) é meu
perfeito desperdício

sempre tive forças
pra passar
pro outro
lado (não
espero
mais que isso)

pena que é tão difícil
(e eis o
desespero)
preso entre o ser e as coisas
encontrar
o orifício.

cão

para Laura Penna Alves

minha burrice me dói
como uma pedra no rosto
como uma pedra em vez do rosto

a miudice me rói
como a face de um degrau
na altura do meu rosto

temo que as almas pequenas
serão varridas primeiro
quando o furacão chegar.

nota

p. 90 — o trecho do romance japonês Kusamakura [Travesseiro de grama], *de Natsume Soseki, é da tradução de René de Ceccatty e Ryoji Nakamura para o francês (Éditions Rivages, 1989). Numa retradução livre para o português: "Se é difícil viver neste mundo humano que homens comuns criaram, não deveria haver terra alguma onde alguém pudesse se instalar. Resta apenas migrar para uma terra sem homens. Ora, deve ser mais difícil viver na terra sem homens do que no mundo humano."*

Sumário

"Como um cão!", disse. Era como se a vergonha devesse sobreviver a ele.

(Franz Kafka, *O processo*)

Adverte-se aos curiosos que se imprimiu esta obra em nossas oficinas em 19 de julho de 2011, sobre Pólen Soft 80 g/m^2, composta em tipologia Minion Pro, em GNU/Linux (Gentoo, Sabayon e Ubuntu), com os softwares livres LaTeX, DeTeX, VIM, Evince, Pdftk, Aspell, SVN e TRAC.